Pingu™

POCKET jeunesse

Dans la même collection :

Pingu joue les casse-cou
Pingu et le lapin perdu
Pingu fait du snowboard
Pingu et le ballon de Pinga
Pingu sur la Lune
Pingu est amoureux
Pingu prend son bain

Loi n° 49-956 du 16 juillet 1949
sur les publications destinées à la jeunesse : mai 2006.

Titre original : *Pingu Goes Camping*
Scénario original de Rosy Lloyd

Une adaptation de Fanny Joly
d'après la série télévisée « Pingu »

www.pingu.com

ISBN : 2-266-15207-6

Dépôt légal : mai 2006
Imprimé en France par Pollina, 85400 Luçon - n° L99681-A

Adaptation de Fanny Joly

Pingu™ fait du camping

Pingu a décidé de se fabriquer une tente.
– Aide-moi ! dit-il à sa petite sœur.
– C'est quoi, une tente ?
demande Pinga.

– C'est pour faire du camping !
répond Pingu.
– Moi, je veux faire du pamping !
s'écrie Pinga.

– Non ! Tu ne sais même pas
dire « cam-ping »,
tu es trop petite, d'abord !
réplique Pingu.

Pingu plante les piquets,
accroche les pinces à linge…

– Moi, je veux faire du pamping !
répète Pinga
en tournant autour de la tente.

– Va demander à Maman,
finit par s'énerver Pingu.
Je suis sûr qu'elle ne sera
pas du tout d'accord…

Mais Maman est tout à fait d'accord
pour que Pinga dorme
sous la tente avec Pingu.
Elle leur apporte même
deux oreillers douillets.

Pinga court chercher son lapin chéri :
– Lapinchou aussi va faire
du pamping avec nous !

– Ah non ! proteste Pingu.
Je ne veux pas d'un lapin débile
dans MA tente !

Maman se fâche.
Si Pingu n'est pas gentil,
personne ne dormira sous la tente.
Terminé ! Et terminé aussi
le délicieux panier du pique-nique
que Maman a préparé exprès…

– Tu m'énerves trop, Pinga !
peste Pingu
dès qu'ils sont seuls sous la tente.
À cause de toi, ma super-tente
de champion est transformée
en garderie pour les bébés !

– M'en fiche ! répond Pinga.
Moi, je fais du pamping
avec mon Lapinchou.

Pingu attrape alors Lapinchou
et se moque de Pinga :
– Moi, ze fais du pamping
avec mon Lapinssou !
Moi, ze fais du pamping
avec mon Lapinssou !

Pingu lance Lapinchou en l'air.
– Arrêêêête ! supplie Pinga.
– Y a pas d'arêtes dans le bifteck ! ricane Pingu.

Et hop ! Pingu expédie Lapinchou
hors de la tente, sur la banquise,
dans la neige et le froid…

Mais brusquement,
Pingu cesse de rire.
– Tu vois ce que je vois, Pinga ?
– C'est quoi, Pingu ?
murmure Pinga
d'une toute petite voix.

Cronch… Cronch… Cronch…
Une ombre menaçante
grogne et s'agite,
juste derrière la tente !

Pinga n'est pas rassurée :

– C'est peut-être un monstre
qui va nous attaquer !

Pingu tremble.

– Chut ! Tais-toi !

Pinga se met à pleurer :
– Et mon Lapinchou qui est tout seul dehors !
Va le chercher, Pingu !
C'est toi qui l'as lancé !

Va chercher mon Lapinchou,
bou hou hou !

Pingu n'a vraiment pas envie,
non, pas du tout envie,
de sortir chercher Lapinchou.
Mais Pinga pleure tant et tant…
qu'il finit par se lever.

C'est alors que Pingu voit le panier du pique-nique…

… grand ouvert !

Et derrière le panier : Robby !

Robby le phoque,
en train de se régaler !

– Chalut les jamis, postillonne Robby. J'adchore le campching, che pcheux venir avec vchous ?

– Tu nous as fait peur, espèce de goinfre ! soupire Pingu.

Mais Pingu et Pinga ont bon cœur :
ils invitent quand même Robby
sous leur tente.

Robby n'a pas mangé
tout le pique-nique.
Ça tombe bien :
après toutes ces émotions,
Pingu et Pinga ont
une très grande faim !